T0027023

De nidos, estrellas y girasoles

**Este libro se realizó con apoyo del Fondo Nacional para la Cultura y las Artes
a través del programa Creadores Escénicos con Trayectoria 2019-2021**

De nidos, estrellas y girasoles
El niño Vincent van Gogh

Primera edición: octubre, 2020

ISBN: 978-607-319-690-1

Impreso en México – *Printed in Mexico*

El papel utilizado para la impresión de este libro ha sido fabricado a partir de madera procedente de bosques y plantaciones gestionadas con los más altos estándares ambientales, garantizando una explotación de los recursos sostenible con el medio ambiente y beneficiosa para las personas.

Penguin
Random House
Grupo Editorial

Mario Iván Martínez

De nidos, estrellas y girasoles

El niño Vincent van Gogh

Ilustrado por Juan Gedovius

Una familia llamada Van Gogh

Imagínate en una pequeña casa en la ciudad de Zundert, en Holanda, hace muchos años, allá por 1863.

—Niños, ¡ya bajen a tomar el chocolate! —exclamó Anna Cornelia van Gogh desde el pie de la escalera.

Las primeras en bajar son las niñas: Anita, de ocho años, y la pequeña Lis, de cuatro, quien da brincos de peldaño en peldaño. Viene cantando a todo volumen la ronda del tulipán.

¿Sabías que...

la palabra "tulipán" proviene del turco *tülbend*, que significa "turbante", por la forma que adopta la flor cuando está cerrada? Los holandeses llegaron a apreciar mucho el tulipán y en otras épocas se vendía en altísimos precios.

Prueba fabricar un tulipán con papel imitando su peculiar forma de turbante; regálalo a alguien que quieras mucho y cuéntale su historia.

—Lis, no hagas tanto ruido —ordenó la madre—, recuerda que papá está escribiendo su sermón del domingo y no queremos molestarlo.

La pequeña Lis se llevó su dedito rosado a la boca en señal de guardar silencio, abrió sus enormes ojos azules y susurró:

—Shhhhh.

Theodorus van Gogh, o papá Dorus, como le decía su familia, era pastor de la iglesia protestante en Zundert. Don Theodorus era un hombre muy bien parecido, tanto, que le decían el pastor guapo. Hoy podría haber sido modelo, o tal vez galán de cine o televisión. Sus finas facciones estaban enmarcadas por una cabellera blanca, siempre muy bien peinada.

—¿Dónde están sus hermanos? —preguntó mamá.

—Están jugando en la terraza —contestó Anita—. Uno es el caballo y el otro el jinete.

En ese preciso instante bajaron los niños. En efecto, el mayor, Vincent, de diez años, caracterizaba al brioso corcel, mientras el pequeño, Theo, de seis, actuaba como jinete sobre su espalda.

—¡Arre, Pecas! ¡Arre! —gritaba Theíto mientras daba suaves palmaditas a su hermano en el costado.

—¿Pecas? —preguntó mamá con una sonrisa.

—Claro —contestó Theo, animado—. Mi caballo se llama Pecas, mira qué roja es su crin y cuántas pecas tiene. Ay, ¡cómo te quiero, mi Pecas!

Vincent emitió una especie de relincho y todos los Van Gogh rieron a rabiar con sus cabriolas. Los hermanos Van Gogh eran muy rubios, pero Vincent era pelirrojo y sus mejillas estaban tapizadas por pecas. Hasta sus pestañas brillaban rojizas bajo el sol, enmarcando sus grandes ojos color verde esmeralda.

En ese momento la puerta del estudio de papá Dorus se abrió: el pastor estaba muy serio porque no le gustaba ser interrumpido. Se sentía orgulloso de criar a su familia con disciplina, pues quería que fuera ejemplo para la gente de Zundert.

—Bueno —exclamó papá—, ya que no puedo seguir trabajando debido a que un caballo salvaje entró en la sala, sentémonos a tomar el chocolate.

Los niños y mamá se relajaron al darse cuenta de que papá había tomado los juegos de Vincent y Theo con humor y se sentaron prontos a la mesa. Vincent mojó uno de sus dedos con saliva y lo untó rápidamente sobre el pan dulce que se veía más apetitoso. Esto lo hacía con el fin de que nadie fuera a ganárselo. El pelirrojo recibió una severa mirada de papá, quien procedió a decir:

—*Señor, bendice los alimentos que vamos a tomar, bendice a los que los preparan y acuérdate de los que no los tienen.*

—Amén —respondió toda la familia, y comenzó la cena.

—Cent, ¿subimos al rato a ver las estrellas? —preguntó Theíto a Vincent por lo bajo, utilizando el apodo por el que todos conocían al pelirrojo.

—Subimos—, contestó Vincent, y le guiñó un ojo a su pequeño hermano mientras saboreaba con deleite su pan dulce, recientemente ensalivado.

La casa de los Van Gogh no era muy grande, pero sí muy antigua, ¡tenía más de doscientos años! Mamá Anna Cornelia la tenía siempre muy arreglada y limpia. En los muros colgaban algunas reproducciones de famosos pintores holandeses, como *El retorno del hijo pródigo*, de Rembrandt, y *La lechera*, de Vermeer **(¡puedes fácilmente encontrar estas pinturas en internet! Búscalas, son extraordinarias).** En ocasiones, el pequeño Vincent se quedaba largo rato contemplando los cuadros de esos grandes maestros, maravillado por los colores y las texturas.

A pesar de que existía una diferencia de cuatro años entre ellos, a Vincent y Theo no les gustaba estar separados.

Dos hermanos, un gato y mil estrellas

Esa noche de verano los hermanos Van Gogh subirían a escondidas a ver las estrellas.

—Cent —susurró Theo—, ¿ya subimos?

—Aún no —respondió Vincent—. Esperemos a que papá y mamá se duerman.

Los sonidos de la casa fueron disminuyendo. Se escuchó entonces el cerrojo de la puerta de la recámara inferior y, al poco tiempo, las paredes vibraban con los ronquidos de papá Dorus.

—¿Cent? —Preguntó de nuevo Theo.

—¿Qué?

—¿Ya?

—No. Espera a que papá ronque como maquinita silbadora. Aún no está totalmente dormido.

—Cent —insistió Theo más tarde—, ¿ya?

—Ya —contestó Vincent. Papá Dorus roncaba ya como maquinita silbadora.

Los hermanos salieron de sus camas sigilosamente, abrieron con mucho cuidado la puerta y caminaron de puntitas. La casa era toda de madera y a cada paso rechinaba el piso: *crac, cric, crac, cric*. La luz de la luna bañaba el interior de la casa de los Van Gogh con tenues matices de azul.

Theíto se asustó de pronto ¡al encontrarse con dos ojos brillantes en la oscuridad! Imaginó que un duende malvado lo acechaba, o tal vez sería uno de esos diablillos que aparecían en los cuentos que les relataba mamá Cornelia.

—No te asustes, Theo —murmuró Vincent—, sólo es Laika.

La gatita de la casa dormía bajo una mesa del pasillo y los contemplaba curiosa, como preguntando: "*¿A dóóóónde van?*". La luz de la luna hacía que sus ojos brillaran como gemas en la oscuridad.

¿Sabías que...

el gato es un estupendo cazador nocturno? ¿Has visto cómo sus ojos brillan en la noche? Esto se debe a que tienen una especie de espejo que es capaz de reflejar la luz. Esto les sirve para dos cosas: por un lado, asusta a sus presas (bueno, en este caso asustó a Theíto), y por otro, aumenta su capacidad visual. ¡Por eso los ojos de los gatos parecen brillar en la oscuridad!

Nuestros ojos no tienen esta habilidad, pero cuando está oscuro, nuestras pupilas se dilatan (lo que significa que se hacen más grandes) para poder captar la luz disponible y así poder ver mejor.

Con la ayuda de tu papá, descubre qué tan bien ves en la oscuridad: apaga la luz de tu cuarto y mira cómo poco a poco puedes ver un poquito mejor, ¡tus pupilas se dilataron para que pudieras ver!

Los hermanos Van Gogh salieron a la terraza. La noche era clara y tibia ese verano. Vincent había llevado consigo una cobija: los niños se taparon con ella, sentándose muy juntitos, y dirigieron sus ojos hacia el cielo.

—¡Mira, Theo! Mira cuántas estrellas nos observan —dijo Vincent—, ¿no son fantásticas?

—¡Sí! ¿Las contamos, Cent? —sugirió Theo.

—Si quieres, pero no acabaríamos nunca, hermanito. Mejor intenta descubrir figuras. Algunos dicen que ven en ellas cangrejos, sirenas y toros. ¿Tú qué ves?

Theo respondió con una sonrisa:

—Yo veo que en el cielo hay tantas estrellas como pecas tiene mi hermano en los cachetes. Veo que en cielo hay tantas estrellas como granos de azúcar hay en la azucarera; veo que en el cielo hay tantas estrellas como chismes que cuenta la señora Dekker, la verdulera. Veo que en el cielo hay tantas estrellas como los ronquidos de papá durante la noche.

Los hermanos Van Gogh rieron bajo la manta.

En un silencio, Theo descansó su cabecita en el hombro de su hermano. Vincent pasó sus dedos por el rubio cabello de Theíto y le rascó suavemente la cabeza, tal y como sabía que le gustaba que lo hiciera para dormirse **(de seguro cuando te hacen "piojito" tú disfrutas de igual manera).**

—¿Sabes, Theo? —dijo Vincent—, algún día me gustaría pintar las estrellas. Aún no sé cómo lo haré, me parece que debe ser muy difícil capturarlas en papel, pero lo haré.

—¡Mira, Cent! Esa estrella se cayó del cielo. ¿A dónde se fue? —preguntó Theíto con asombro.

—¡Fue una estrella fugaz! —explicó Vincent— , y es de buena suerte verlas, hermano. Debemos pedir un deseo. Theo, cierra los ojos y pídelo rápido.

Los dos hermanos apretaron los ojos con fuerza. Durante ese breve y hermoso momento sólo se escuchó el canto de los grillos y el lejano relinchido de un caballo, además del suave ronroneo de Laika, que había subido a acurrucarse junto a los hermanos, con sus ojos centellantes bajo la luna.

—¿Lo hiciste? —preguntó el pelirrojo a su hermanito—. ¿Pediste tu deseo?

—Sí —replicó Theo—, pedí que nunca te vayas. Que siempre estés conmigo para ver las estrellas.

—Así será, Theo —respondió Vincent—. Así será.

Años después, Vincent pintó un famosísimo cuadro llamado *La noche estrellada* durante su estancia en el hospital de Saint-Rémy, en el que estuvo internado tras un incidente con un amigo suyo, Paul Gauguin, ¡en el que perdió una oreja! Busca el cuadro de *La noche estrellada*: seguro te sentirás atraído por sus lunas y estrellas rodeadas de remolinos de color.

Después de olfatear el aire, Vincent hizo una cara de disgusto y exclamó:

—¿Y ese olor tan feo?

—¡Fue Laika!

—Claro, Theo. Fue Laika.

La gatita salió disparada hacia la casa con un maullido enojado.

Muertos de risa, los dos hermanos se quedaron dormidos bajo las estrellas.

El sembrador

—¡Despierten, flojos! Mamá los está buscando, ¡ya es tardísimo!

Ana, ya vestida, muy peinada y con un enorme moño blanco sobre sus rubios cabellos rizados, encontró a los niños dormidos en la terraza. Era domingo, un fabuloso domingo soleado, y, a diferencia de otras familias, los Van Gogh debían levantarse temprano para asistir todos muy elegantes al servicio religioso del pastor Dorus en la pequeña iglesia de Zundert. El aroma de los geranios rojos inundaba el ambiente mañanero.

Camino a la iglesia, la familia pasó junto al oficial de gobierno, el señor Vandor Geldoff, quien leía (o más bien, gritaba) las noticias desde la puerta de la alcaldía. Geldoff era un hombre enorme, de mejillas coloradas que parecía que iba a explotar con cada grito:

—Hoy la señora Nutbaum perdió a su perrito —vociferaba el hombre—, recompensará a quien se lo regrese con dos frascos de su famosa mermelada de fresa. El puente junto al río estará cerrado porque se volcó una carreta con melones. Murió el cotorrito de la señora Janssen.

Entre cada noticia, el señor Geldoff se subía el pantalón cada vez más y parecía que le llegaría a la nariz. El caballero sudaba a mares y su esposa, delgadita como una vara, le limpiaba el sudor a cada rato con un pañuelito de encaje.

—Buenos días, reverendo —exclamó el señor Geldoff, retirándose el sombrero al ver pasar frente a él a la familia Van Gogh. Papá Dorus respondió con un gesto similar.

Después, el pregonero Geldoff continuó su letanía, enterando a la gente de lo último acontecido en el pueblo de Zundert, y la familia Van Gogh siguió su camino hacia la iglesia.

Ese día el sermón de papá Dorus trató sobre la parábola del sembrador.

¿Sabías que...

una parábola es una historia que habla sobre una cosa, pero realmente significa algo más? Puede parecer confuso, ¡pero verás que es algo bastante fácil de entender! Las parábolas son una manera de enseñar cosas a través de pequeñas historias que nos dejan una reflexión.

Al final de toda parábola siempre hay una "moraleja", es decir, un breve texto que nos dice lo que significaba lo que acabamos de escuchar o leer.

Lee sobre la historia del sembrador e intenta hacer tu propia parábola, ¡puedes escribir sobre lo que más te guste!

Papá Dorus contó que un día un hombre salió a sembrar y, al lanzar las semillas, algunas cayeron junto al camino en tierra dura y vinieron las aves y se las comieron. Otras se vieron entre espinas y hierbas malas que ahogaron a las semillitas. Finalmente, algunas cayeron en buena tierra, la cual había sido trabajada y abonada. Ahí las semillas crecieron felices y dieron fruto.

—Esto nos enseña —dijo papá Dorus— que las buenas ideas son como las semillas: sólo florecerán en un buen corazón. Nuestro corazón representa la tierra donde el sembrador dejará su semilla.

A Vincent le pareció muy bonita la historia del sembrador y siempre la recordaría. Incluso muchos años después, cuando decidió dedicarse a la pintura, haría varios cuadros con la imagen del sembrador bajo un sol enorme y amarillo. ¡Búscalos! Te encantarán los colores azul, amarillo y púrpura que utilizó Vincent para esta pintura.

Almuerzo de domingo

Después del sermón, los Van Gogh regresaron a casa. Vincent y Theo ayudaron a poner la mesa, mientras el pastor Dorus cortaba el asado de cordero en la cocina.

La familia Van Gogh cultivaba sus propias frutas y verduras. También tenían tres cabritas que daban leche deliciosa, y Vincent y Theo ayudaban a mamá Cornelia a ordeñarlas. Las niñas asistieron con las papas rostizadas y las verduras con mantequilla. Por supuesto, no podían faltar las *bitterballen.*

¿Sabías que...

las *bitterballen* son unas bolitas que mamá Van Gogh preparaba con pan crujiente, rellenas de carne picada, mantequilla, hierbas y especias, las cuales los Van Gogh comían con deleite después de remojarlas en mostaza dulce? ¡Es una comida típica de los Países Bajos!

Busca la receta con tus papás y preparen *bitterballen* juntos. Son muy fáciles de hacer y, además, ¡deliciosas!

Ese domingo el pequeño Theo tuvo la ocurrencia de echar a rodar una de ellas a lo largo de la mesa, ¡como una pelota! Los cubiertos de Vincent enmarcaban la portería. El pelirrojo se unió al juego al instante. Entonces entró

papá Dorus y tan sólo con lanzar una severa mirada, dio fin a la diversión en la mesa.

Después de comer, el reverendo Dorus se retiró a dormir su acostumbrada siesta. Su misión dominical estaba cumplida. Los niños, por otro lado, aprovecharon para ponerse a dibujar sus cosas preferidas, bajo el ojo vigilante de mamá Anna Cornelia: Theo dibujó un caballo; Anita, unas flores; Lis, una muñeca con un vestido de tela brillante; y Vincent, su casa.

A Vincent le gustaba mucho su casa porque era ahí donde pasaba tiempo con su familia; especialmente, con Theo. Lo único que le gustaría cambiar era el color: quería pintarla de amarillo, su color favorito, para que pudiera verla desde muy lejos.

Muchos años después, cuando ya era grande, Vincent se mudó a un lugar llamado Arlés, en el sur de Francia (¡búscalo en un mapa para ver qué tan lejos vives tú!). Ahí rentó una pequeña casita para vivir y lo primero que hizo fue pintarla de amarillo, ¡por fin pudo cumplir su sueño! Busca la pintura de la casa de Vincent, ¡verás lo amarilla que es!

Pintando con mamá

Otro día soleado en Zundert, mamá Anna Cornelia veía cómo sus hijos jugaban en la sala de la casa cuando, de pronto, se le ocurrió una idea.

—Bueno, niños —exclamó mamá Anna Cornelia, poniéndose de pie y dando un aplauso—, ¿a quién le gustaría pintar conmigo?

—¡A mí! —gritó Vincent entusiasmado, soltando el caballito de madera con el que estaba jugando con Theo sobre la alfombra.

—Yo prefiero ver —dijo Theo. Lis y Anna optaron por seguir con sus bordados y por hacer vestidos a sus muñecas de trapo.

Mamá Anna Cornelia tomó a Theo y a Vincent de la mano y los llevó a su estudio, donde, para comenzar, le pidió a Vincent que trajera unas flores del jardín. El niño amaba las flores, así que escogió las más bonitas que pudo encontrar.

Mamá las colocó en un bello jarroncito de porcelana japonés que mostraba a varios niños pescando en un puente sobre cierto río, en el cual dos garzas habían sido pintadas con gran delicadeza. Algunos árboles en flor enmarcaban el dibujo. A Vincent le cautivaba esa escena feliz y el arte sencillo del Oriente.

Alrededor del jarrón, mamá colocó manzanas, una naranja y un racimo de uvas de su propia viña, con todo y sus enormes hojas verdes y sus vástagos enroscados parecidos a los bigotes del señor Geldoff, el pregonero del pueblo.

Mamá Anna Cornelia, sentándose en una silla, exhortó a Vincent a estudiar la composición de las figuras, sus tamaños y colores. Luego le ayudó a copiar todo el conjunto con un fino carboncillo y a establecer la distancia correcta entre los objetos.

Para entonces, el pequeño Theo ya se había quedado dormido con su cabecita descansando sobre el regazo de mamá, quien a pesar de esto se las arreglaba para seguir guiando a Vincent sin despertar al pequeño (a veces parece que las madres tienen más de dos brazos, ¿verdad?).

Entonces llegó el momento de pintar. Sin embargo, Vincent vio que mamá sólo tenía tres colores en su paleta: azul, rojo y amarillo.

—Pero, mamá —exclamó el mayor de los hijos Van Gogh—, ¿cómo pintaré las hojas sin tener color verde? ¿Cómo podré iluminar a la naranja o pintar el morado de las uvas?

—Muy fácil —continuó la dama—, tienes que aprender a combinar los colores primarios para conseguirlo.

—¿Los colores primarios? —preguntó Vincent—, ¿y esos cuáles son?

—Pues estos, hijo: azul, rojo y amarillo.

—¿Nada más?

—Nada más —concluyó mamá con una dulce sonrisa.

Vincent se sintió maravillado cuando, al mezclar el azul con el amarillo, surgió el verde; rojo con amarillo hizo aparecer el naranja, y la mezcla del azul y el rojo dieron pie al morado. Al mezclar los tres colores primarios, el niño de las pecas consiguió el color café. **Cuando pintes, combina tú también los colores como lo hizo Van Gogh con mamá, y te darás cuenta que las posibilidades de tonos y matices en la pintura ¡son infinitas!**

—¿Ves que algunas flores están cerraditas, Vincent? —dijo mamá—, son botones. Otras ya se abrieron y están en su plenitud. Tenemos también aquellas que ya empiezan a morir; sus hojitas tienen más amarillo que las otras y sus pétalos ya no son tan brillantes. En cada etapa de una flor hay gran belleza. Trata de capturarla en tu cuadro.

—Lo haré, mamá —contestó Vincent, entusiasmado.

Para cuando llegó la noche, Vincent ya había concluido su cuadro. Trabajó rápidamente, sin parar. Ya eran casi las ocho y la casa se inundaba con el aroma del chocolate. Habrían de merendar *erwtensoep*, la típica sopa holandesa de chícharos con trocitos de salchicha, pan recién horneado por Liselot, la joven cocinera, y un buen trozo de queso de bola.

¿Sabías que...

el queso de bola holandés se produce envuelto en una capa gruesa de cera roja? Probablemente lo hayas visto en las tiendas, ¡parecen pelotas muy brillantes! A los holandeses les fascina el queso y comen alrededor de tres kilos al año por persona.

Déjate sorprender por los muchos tipos de quesos holandeses que existen y disfruta con tu familia de lo que los holandeses llaman su "oro amarillo".

—Quiero seguir pintando, mamá —suplicó Vincent.

—Ya ha sido suficiente por hoy, hijo —dijo la madre—. Es hora de cenar.

—Te quedó muy bien, Cent —comentó Theo, al volver de su largo sueño y contemplar la obra de su hermano.

Muchos, muchos años después, Theo se convertiría en un famoso comerciante de arte, ¡e incluso manejaría su propia galería! Vincent, por otro lado, se enamoraría de la pintura y dedicaría su vida a plasmar todas sus cosas favoritas, especialmente flores, con un estilo llamado "impresionismo": esto significa que Vincent no intentaba copiar exactamente la realidad, sino más bien una impresión de ella.

—¿Qué más puedo pintar? —preguntó el niño Vincent, tomando la mano de su madre.

—Pinta lo que más te guste —respondió mamá Anna—. ¿Qué tal algo de lo mucho que has recolectado en el bosque?

Las niñas, habiendo entrado al estudio llenas de curiosidad, rodearon al pelirrojo para contemplar también el cuadro. No desaprovecharon la oportunidad para molestar a Vincent, como suelen hacer los hermanos.

—Sí, ¡pinta alguno de esos bichos horribles que traes a casa en frascos, Vincent! —intervino Anna—, ¡tan horribles como tú!

—Anna, ¿qué dices? Tu hermano no es horrible —afirmó mamá.

—Tantas pecas son horribles —murmuró Anna.

—No le hagas caso, hijo. Para mí tus pecas son preciosas —afirmó la madre.

—A mí también me gustan mucho —dijo la pequeña Lis.

—No te preocupes, mamá. Anna es una tonta. Ya estoy acostumbrado a que se burlen de mis pecas. ¡No me importa! Por ahora este pecoso quiere pintar —concluyó Vincent, mientras engullía un gran pedazo de queso que le había robado a su hermana de su plato, no sin antes sacarle la lengua.

Hope

Al día siguiente había que ir a la escuela. Theo caminaba de la mano de su hermanito por el parque cuando de pronto algo cayó sobre su cabeza: era un nido de pájaro. Las ramitas habían sido enredadas con gran habilidad hasta conseguir un círculo perfecto. Dentro del nido chillaba un pajarito azul que pedía ansiosamente ser alimentado.

—¿Qué hacemos? —preguntó Theo.

—Lo mejor será regresar el nido al árbol —explicó Vincent—. Si lo dejamos aquí los gatos podrían comérselo. De seguro sus padres deben andar cerca.

—Pero, ¿y si no vienen? No quiero dejarlo solito, Vincent —suplicó Theo.

—Haremos esto: después de la escuela pasamos de nuevo por aquí. Si sus padres no han vuelto, llevamos el pajarito a casa —propuso el hermano mayor.

—Está bien —aceptó Theíto, y observó cómo su hermano trepaba el árbol para poner el nido en una de sus ramas.

Por la tarde los hermanos Van Gogh regresaron al árbol bajo los colores ardientes del atardecer. Los chillidos del pequeño pájaro azul se escuchaban a la distancia.

—Sentémonos aquí un rato, Theo, y observemos el nido —sugirió Vincent. —Si no vienen sus padres, nos lo llevamos.

—Se nos hará tarde, Vincent —replicó Theo—, y papá nos regañará. Mejor bájalo ya. El pajarito tiene mucha hambre.

—Bueno, hagámoslo.

Con mucho cuidado Vincent trepó de nuevo el árbol y bajó el nido. Para entonces, el farolero comenzaba ya a encender las luces de la calle junto al parque (en esa época no había electricidad y cada lámpara de gas debía prenderse individualmente).

Al llegar a casa todos rodearon a los hermanos para conocer al pajarito. Mamá molió pedazos de pan con leche e hizo una pastita cremosa para alimentarlo.

—¡Le daré también agua! —dijo Theo.

—No, se puede resfriar. Aún no ha crecido lo suficiente para tomar agua —explicó mamá—. Por ahora únicamente lo alimentaremos con esta mezcla.

Entonces entró el reverendo Dorus al comedor. Le habían llamado la atención los chillidos del pajarito.

Todos guardaron silencio mientras el estricto jefe de la familia inspeccionaba al animalito indefenso.

—¡Bravo, hijos! —exclamó papá—. El que es bueno en familia es también buen ciudadano. Y bien, ¿cómo habrá de llamarse este pequeño?

—No lo sé, papá —contestó Theo—. Ayúdanos a pensar en un nombre.

—¿Qué tal "Hope"? —sugirió el pastor.

—Hope —repitió Theo—. Me gusta.

Hope quiere decir esperanza en holandés.

Esa tarde, después de comer, Vincent regresó a los pinceles y, siguiendo la guía de mamá, decidió pintar lo recolectado en el bosque. Le interesó dibujar el nido de Hope, con sus ramitas abrazadas.

Desde entonces, cada tarde después del colegio Vincent buscaba nidos caídos y llegó a recolectar muchos de ellos, hasta poder reconocer a qué especie de ave pertenecía cada uno. Esto lo logró al observar cuidadosamente sus formas y los huevitos que en ellos había. No se parecían mucho a los huevos de gallina: algunos eran rojos o pintos, muy ovalados o casi esféricos, como una pelotita de ping-pong.

¿Sabías que...

existen más de 10 000 variedades de aves en todo el mundo y que éstas derivaron de los dinosaurios? ¡Así es! Hay de todos los tamaños: pequeñitas, como el colibrí, y enormes, como el avestruz.

Con la ayuda de tus papás, ¡busca en internet los diversos tipos de pájaros que seguramente Vincent vio en sus aventuras por el bosque!

—Mira, Theo, ¿ves al pájaro gordo que está en ese nido? —le dijo un día Vincent a su hermanito, mientras miraban árboles en el parque.

—¡Sí! —contestó el pequeño.

—Bueno, pues ahora observa a la mamá que le da de comer.

—¡Es muy chiquita! —exclamó Theo, abriendo los ojos con asombro—, y él muy grande y gordo.

—Exactamente. Ese glotón es un pájaro cucú. Son muy comodinos. Depositan sus huevitos en los nidos de otros pájaros para que otros los alimenten cuando nazcan. A veces los cucús crecen tan grandes que empujan a los otros pajaritos fuera del nido.

—Tal vez eso fue lo que le pasó a Hope —dijo Theo—. Puede ser que un panzón pájaro cucú la haya empujado con todo y nido.

—Es probable, Theo —respondió Vincent—, pero lo importante es que nosotros la salvamos.

Los dos hermanos cuidaron a Hope durante semanas, hasta que el pajarito recuperó la salud. Hope se convirtió en un gran amigo para Vincent.

Años después, Vincent entabló amistad con un hombre oso, ¡que no era un oso en realidad! Se trataba del cartero de la ciudad en la que vivía: era un hombre grande, con una larga barba (los caballeros gustaban de presumir largas y elaboradas barbas), llamado Joseph Roulin. Vincent lo pintó para agradecerle las muchas cartas de Theo que le hizo llegar, ¡busca su retrato para que conozcas al hombre oso!

Un pelirrojo travieso

—¡Vincent! Otra vez no hiciste tu cama —reclamó por la tarde mamá Anna Cornelia. —Y tus libros están todos regados por el suelo.

—Estoy dibujando. Ahora lo hago —contestó el niño.

—¡Mamá! —reclamó una tarde la pequeña Lis—. Vincent dejó abierto un frasco con escarabajos y se escaparon todos. Ay, ¡uno se está subiendo a mi falda!

Con el susto por los bichos, Lis pisó la cola de la gata, la cual saltó hacia la mesa y tiró el bello jarrón japonés de mamá, el cual se rompió en cientos de pedazos.

—¡Vincent! Papá quiere verte en su estudio —dijo mamá, mientras recolectaba los restos de su jarrón favorito.

A menudo, el niño de las pecas recibía severas reprimendas de sus padres pues comenzaba a volverse retraído, poco ordenado, algo huraño y descortés.

¿Sabías que...

es completamente normal que tengamos días malos, en los que las cosas nos salen mal y podemos llegar a sentirnos frustrados? Lo importante es aprender a controlar estas emociones, porque ¡es cuestión de intentarlo de nuevo!

¿Te ha ocurrido a ti que de pronto no tienes ganas de hablar con nadie y quieres estar solamente contigo mismo?

Bueno, pues conforme crecía, a Vincent esto le pasaba cada vez más a menudo. A veces no acudía al colegio y podía ser muy frío, y hasta grosero, con las visitas.

El niño prefería caminar por horas bajo la lluvia. Le hechizaba la magia de los elementos, el viento, el agua y los truenos. No le agradaba mucho salir a caminar con la familia, pues el pastor Dorus insistía en hacerlo por caminos pavimentados. Todos marchaban con solemnidad por la calle mientras el reverendo Dorus se retiraba ceremonioso su alto sombrero de copa para saludar a los que se encontraban por el camino. En contraste, al pelirrojo le gustaba explorar por bosques y praderas.

A Vincent lo que le gustaba era explorar y el contacto con la naturaleza; así obtenía inspiración para sus cuadros. Ya de adulto, Van Gogh disfrutó mucho pintar de noche, así que se colocaba un sombrero con velas encendidas para poder trabajar en la oscuridad (¿te lo imaginas caminando por las oscuras calles con su sombrero encendido y su lienzo bajo el brazo?). Este comportamiento algo excéntrico llevó a la gente a apodarle "el loco rojo", pero a Vincent no le importó: muchos años después escribiría: *"La normalidad es un camino pavimentado, pero nunca crecerán flores en él".*

Un regaño bajo el reloj

Vincent se había hecho aficionado a leer y pintar; a pintar bichos, flores y nidos. Le encantaba pintar nidos.

En cierta ocasión, el niño pelirrojo se internó tanto en el bosque en la búsqueda de ellos que se perdió y ya no pudo regresar a casa. Esa vez no había luna y la oscuridad era terrible.

Aun así, el pelirrojo nunca sintió miedo. Vincent se sentía más a gusto al aire libre que en el encierro de la escuela y de su casa. Se quedó dormido bajo un árbol de grueso y bello tronco; de esos árboles que, de tan viejos, te podrían contar historias de caballeros andantes, reyes, duendes y princesas cautivas.

El pequeño se despertó con las primeras luces del alba y echó a correr hacia su casa. Al día siguiente sería su cumpleaños, así que de seguro sus padres olvidarían este incidente y celebrarían todos juntos alrededor de un enorme pastel.

Sin embargo, el pequeño estaba equivocado. Cuando por fin llegó a casa, Vincent sintió miedo al ver a su padre esperándolo en la puerta.

—Pasa, Vincent. Sígueme —ordenó papá Dorus muy seriamente, con sus manos entrelazadas tras la espalda.

Al entrar a casa toda la familia lo observó en silencio.

Por lo bajo, Theo murmuró:

—¿Dónde estabas?

Vincent le respondió con un susurró:

—Buscando nidos.

¿Sabías que...

los nidos son considerados estructuras complejas? Los pájaros utilizan todo tipo de materiales para construirlos (hojas, ramas y hierbas) y cada una tiene su propio estilo.

¡Fíjate en los árboles, ventanas y techos para ver si encuentras el nido de un pajarito! Pueden estar bien escondidos, así que busca con mucha atención.

Minutos más tarde, el padre y su hijo mayor se reunieron en el estudio del reverendo. La habitación contenía libros de pared a pared y un enorme reloj de péndulo que repetía: *tic, tac, tic, tac.* Al sonar la hora los doce apóstoles salían de pequeñas puertas, tocando campanitas de cristal.

Vincent no los veía a menudo pues los niños tenían prohibida la entrada al estudio de papá. Desafortunadamente, las únicas ocasiones en que ingresaban ahí era para ser aleccionados por alguna travesura. Cuando salieron los doce muñequitos del reloj tocando sus campanitas, parecían decir desde lo alto: *"Pórtate bien, ding dong, pórtate bien, ding, dong."*

Vincent fue sacado de su ensoñación por la severa voz de su padre.

—Vincent, debes entender que ustedes tienen la obligación de ser un ejemplo para toda esta comunidad. Eres hijo del pastor del pueblo. Sabes que me gusta el orden y el buen comportamiento. El no haber ido a la escuela y el haber estado fuera de casa toda la noche resulta inaceptable.

—Papá, buscaba nidos y me perdí —explicó Vincent.

—Basta. No hay excusa que valga. Te estuvimos buscando hasta el amanecer. Entiende que preocupaste mucho a tu madre. Además, te has vuelto poco cortés y muy desordenado, así que he decidido internarte en un colegio en la ciudad de Zevenbergen. Ahí habrás de disciplinarte. Espero que no me defraudes.

—Papá, me gusta mucho leer y pintar, pero no soy muy feliz en la escuela. Mis maestros son poco agradables y gritan mucho.

—No todo lo que debemos hacer nos hace felices, Vincent —prosiguió papá—. Seguirás estudiando, pero ahora bajo estricta vigilancia. Mientras tanto, si no quieres ir a la escuela local, ayudarás a tu madre y a tus hermanas a llevar sopa y abrigo a los pobres de la ciudad. Estas obras de caridad son algo por lo que todo el pueblo nos admira. Tomarás clases conmigo de historia, catecismo y aritmética mientras llega la hora de internarte. Por lo pronto, no más pintar nidos ni coleccionar bichos; no más subir a ver las estrellas a deshoras o empaparse bajo la lluvia sin sentido. ¿Entendiste, Vincent?

—Sí, señor —respondió el niño en voz baja.

—Puedes retirarte —concluyó papá.

Esa noche, bajo el reloj de papá Dorus, Vincent simplemente besó la mano de su padre, como todos los niños estaban acostumbrados a hacer. Estaba por salir de la habitación, cuando los muñecos del reloj surgieron nuevamente tocando sus campanitas: *ding, dong, ding dong.*

Vincent, antes de encontrar su camino como pintor, intentó trabajar en muchas cosas: una de ellas, como predicador, al igual que su padre. El problema era que sus sermones eran muy largos, la gente se aburría y se salía de la iglesia. Después intentó ser comerciante de arte en una galería, pero si una pintura no le gustaba, regañaba a las personas que querían comprarla. Finalmente se dedicó a pintar, y Vincent pudo seguir mirando a las estrellas y mojándose bajo la lluvia todo lo que quiso, haciendo lo que más le gustaba.

Vincent se va

Llegó el día en que el pequeño Vincent habría de partir al internado. Theo metió un frasco lleno de escarabajos de varios tamaños y colores en la mochila de su hermano mayor. Salió muy temprano al jardín a juntarlos. No quiso que su hermano se fuera sin algo con lo cual lo recordase.

—Ya está aquí el carruaje —gritó Liselot, la cocinera.

Afuera llovía a cántaros. El enorme caballo postín que jalaría el transporte se sacudía la crin a cada momento para librarse del agua (en esa época aún no se habían inventado los automóviles). La calle estaba desierta. El pastor Dorus salió de su estudio, como siempre, impecable y bien peinado. En su mano llevaba un negro y enorme paraguas.

—Familia, despídanse de Vincent. Ya es hora —ordenó el pastor.

El pecoso niño abrazó a sus hermanas y recibió un largo beso de mamá, quien dentro de una bolsita tejida había colocado un emparedado de salchicha, otro de mermelada de naranja, un pedazo de queso y varias *bitterbollen* recién hechas para el camino.

Mamá Anna Cornelia le susurró al oído.

—Adiós, Cent. ¡Que nuestro ángel te proteja! Sigue pintando nidos y recuerda que aquí tienes el tuyo.

El último en despedirse fue el pequeño Theo, quien al hacerlo rompió en llanto.

—No llores, Theo. Regresaré pronto. Cuida mucho a Hope —aconsejó Vincent—. Muy pronto podrá volar.

—Sí —contestó Theo—, pronto me dejará, igual que tú.

—Yo no te dejaré, hermano. Jamás —aseguró Vincent—. Aunque esté lejos, les escribiré y te enviaré dibujos de Zevenbergen. Nunca dejaré de escribirte Theo. Nunca.

—¿Lo prometes, Cent? —preguntó Theo mientras se secaba las lágrimas.

—Lo prometo —respondió Vincent.

¿Sabías que...

a mediados del siglo XIX, mucho antes de que existiera el teléfono o internet, la gente se comunicaba a través de cartas? Utilizaban plumas de ganso, cuya punta era afilada; luego la remojaban en un frasquito de tinta, y así podían escribir. Había que hacerlo muchas veces en el proceso.

Vincent le escribió a su hermano durante muchos años, tal y como se lo prometió. Se comunicaron tanto por correo que incluso sus cartas llegaron a formar un libro. ¡Son más de 600! Todas repletas de dibujos y pensamientos.

Prueba escribir una bonita carta a tus padres o amigos con tinta y papel. Puedes complementar tu escrito con estampas, flores secas, diamantina o con dibujos, justo como lo hizo Vincent para compartir con Theo las ideas y los temas para sus cuadros.

La familia permaneció en la puerta mientras el pastor llevaba a su hijo al carruaje, bajo el paraguas. Sólo se escuchaba el canto de la pequeña Hope desde su jaula.

Vincent miró cómo su hermanito se despedía detrás de la ventana de la sala. No le fue posible distinguir sus lágrimas de las gotitas de agua que resbalaban por el cristal.

Parece una despedida triste, pero Vincent y Theo permanecieron unidos para siempre, incluso cuando eran ya adultos. Theo constantemente enviaba a su hermano dinero y material para que desarrollara su trabajo: pinceles, lienzos y libros. Así Vincent pudo dedicarse a lo que más le gustaba: pintar. Una vez, incluso, se le antojó pintar, como regalo para un amigo, nada más y nada menos que ¡siete cuadros de girasoles, todos amarillos, su color preferido! Búscalos y escoge tu favorito.

El último vuelo de Hope

Vincent pasó varios meses en el internado y esa Navidad no le permitieron regresar a casa. Theíto se entristeció al no tener a Vincent para hacer juntos muñecos de nieve, pero cuando llegó la primavera, por fin, pudo ver a su hermano para las vacaciones de Pascua.

Entonces Theo y Vincent decidieron liberar a Hope, que ya había crecido bastante y mostraba un hermoso plumaje multicolor.

Theo la sacó de su jaula, la colocó entre sus manitas y los hermanos salieron al patio. El pajarito permaneció un momento inmóvil, mirando ambos niños como diciendo: "Gracias por darme vida y libertad."

En ese momento, una parvada de pájaros sobrevoló las cabezas de los niños. Hope abrió las salas, emprendió el vuelo y se unió a sus hermanos entre las nubes.

Vincent y Theo van Gogh se abrazaron mientras el pajarito llamado Esperanza desaparecía sobre el horizonte.

Un final con girasoles

Cuando Vincent creció, siguió buscando nidos, pero esta vez un nido donde florecer como artista.

Vincent pintó más de 900 cuadros en los últimos diez años de su vida. Resulta casi increíble pensar que en ese entonces a pocos les gustaba su obra. Hoy en día es difícil encontrar a alguien que no se enamore de sus colores y se maraville con su estilo (los gustos de la gente cambian mucho de una época a otra, ¿no crees?). Mientras en vida Van Gogh no logró vender más que un cuadro, hoy sus pinturas alcanzan precios altísimos. ¿Qué pensaría Vincent de esto?

Cuando Theo se casó y tuvo un hijo, lo llamó Vincent, en honor a su hermano. A su vez, el pelirrojo pintó para su sobrino unas ramitas de almendros en flor sobre un cielo muy alegre y azul. Lo hizo al estilo del arte japonés que le maravilló desde niño (¿te acuerdas de aquel jarrón de mamá?). El sobrino de Vincent creció con el óleo de los almendros sobre su cama, pues sus padres quisieron que el niño siempre despertase mirando el cielo azul más profundo.

El sobrino de Vincent llegó a convertirse en un importante ingeniero y, de la mano del gobierno de Holanda, construyó un museo en honor a la obra de su tío: el Museo Van Gogh. Si algún día viajas a Ámsterdam, la capital de los Países Bajos, no dejes de visitarlo. Estoy seguro de que te habrás de fascinar, como muchos, con los sueños, los colores, la vida y el arte de ese inquieto y pecoso pelirrojo, pintor de nidos, estrellas y girasoles.

De nidos, estrellas y girasoles de Mario Iván Martínez
se terminó de imprimir en octubre de 2020
en los talleres de
Litográfica Ingramex, S.A. de C.V.
Centeno 162-1, Col. Granjas Esmeralda, C.P. 09810,
Ciudad de México.

Todos conocemos la obra de Vincent van Gogh, pero ¿sabes cómo fue que se inició en el arte?

En una pequeña ciudad en Holanda vive el travieso Vincent van Gogh, un pelirrojo con las mejillas llenas de pecas al que le encanta meterse en problemas. Junto a su inseparable hermano Theo, pasa sus tardes buscando nidos y mirando las estrellas, descubriendo una manera de ver el mundo que hoy puedes encontrar en pinturas colgadas en museos de muchos países.

Aquí conocerás cómo fue la niñez de este famoso pintor impresionista y cómo inició su camino para convertirse en uno de los artistas más reconocidos de todos los tiempos.

JNF007010
NO FICCIÓN INFANTIL
BIOGRAFÍA Y
AUTOBIOGRAFÍA / ARTE

FONCA

US $14.95 /$19.95 CAN
ISBN 978-6-073-19690-1
51495
9 786073 196901

egustaleermexico
megustaleermex
megustaleer.mx

ALFAGUARA
DISPONIBLE EN EBOOK Y AUDIOLIBRO